누군가 스물다섯 살의 바다를 묻는다면

이재성 시집

고요아침 운문정신 11

누군가 스물다섯 살의 바다를 묻는다면

초 판 1쇄 인쇄일 · 2013년 08월 09일
초 판 1쇄 발행일 · 2013년 08월 20일

지은이 ㅣ 이재성
펴낸이 ㅣ 노정자
펴낸곳 ㅣ 도서출판 고요아침
편 집 ㅣ 김남규

출판등록 2002년 8월 1일 제 1-3094호
120-814 서울시 서대문구 북가좌동 328-2 동화빌라 102호
전   화 ㅣ 02-302-3194~5
팩   스 ㅣ 02-302-3198
E-mail   goyoachim@hanmail.net
홈페이지 ㅣ www.goyoachim.com

ISBN 978-89-6039-508-4(04810)

*책 가격은 뒤표지에 표시되어 있습니다.
*지은이와 협의에 의해 인지는 생략합니다.
*잘못된 책은 교환해 드립니다.

ⓒ 이재성, 2013

고요아침 운문정신 11

누군가 스물다섯 살의 바다를 묻는다면

이재성 시집

고요아침

| 서시 |

바다의 유언
— 이재성 시인에게

정일근(시인 · 경남대 교수)

북해에서 사온 블루블랙 잉크에
유리 펜 찍어 바다를 쓰는 날
젊은 시인의 고독한 항해를 생각한다
시를 꽁치처럼 건지기 위해
스물다섯 살에 얼음이 어는
추운 바다로 떠난 것은
그의 운명이 아니라
나의 저주였기에
젊은 시인이 남항에 돌아올 때까지
내 시는 바다의 유언이다
블루블랙 잉크에 펜을 찍는 일은
젊은 시인의 심장 깊숙이
뾰족한 펜을 찌르는 일
내 바다에 붉은 피가 흥건하게
묻어나는 이유가 거기 있다.

| 시인의 말 |

바다에서 죽고 사는 것은
파도 한 장 차이다.
그때 나는 붉은 바다를 보았다.
바다는 여전히 스물다섯 살이고
나는 올해 스물일곱 살이 되었다.
일찍 처녀 시집을 가진다는 것,
이 처녀성은 영원히 지켜야 할
내 의무며 항해다.
고마운 분들이 너무 많다.
가슴에 깊이 새겼다는 말을 전하며.

2013년 여름 아치섬에서
이재성

| 목차 |

- 서시   04
- 시인의 말   05

선원수첩 SEAFARER'S BOOK을 받으며	10
나를 선적하다	12
출항 전야	13
출항제	15
블루피터를 올리며	17
SONG-DA	19
바다 폐선장	21
나는 보았다	22
항해의 뒤편	24
황천바다	26
바다 신기루	28
다시, 항해	29
집어등 꽃밭	31
물방	32

둥근 수평선	33
미드나이트 블루	35
삼등항해사의 노래	37
환청의 유혹	38
동행	39
젊은 수부를 위하여	41
자화상	43
스물다섯 살의 바다	44
북태평양으로의 초대	46
마닐라 로프	48
못대 꽁치	50
바다 안개	52
붉은 바다	53
꿈	54
수장	55
그 후	56
선원 J의 잠	57
갑판장의 사랑	58
앨버트로스	61
운수 좋은 날	63

고래에게	64
말향고래	65
그레이 웨일Gray Whale	67
트란 꿩의 바다	68
시인의 바다를 묻는다면	70
귀항명령	73
잉크 편지	75
유리병 편지	77
귀항	78
마드리드 호텔 602호	79
앨버트로스를 기다리며	81
마드리드 항에서 온 편지	83

■ 해설_ 스물다섯 살의 바다 혹은, 바닥의 눈물   84

사랑하는 아버지와 눈물 많은 어머니에게
그리고 내 스물다섯 살의 바다에
이 시집을 바칩니다.

선원수첩 SEAFARER'S BOOK을 받으며
— 스물다섯 살의 바다 · 1

    수첩번호 BS1117-01673 성명 스물다섯 살의 바다 국적 REPUBLIC OF KOREA 이 수첩의 소지인이 선원의 직무를 위하여 모든 편의를 제공하여 주시고 보호하여 주실 것을 요청합니다 대한민국 국토해양부장관, 발급일 2011년 4월 27일 발급관청 부산지방해양항만청장, 건강진단서와 한국해양수산연수원장의 교육훈련이수증,

잘 있어라, 달콤했던 문과대 강의실이여
이제 422톤 원양어선이 내 책상이며
망망대해가 친구며 애인이다
싱거운 수사修辭는 소금에 절이고
손바닥에 굳은살이 박이도록
바다의 문장을 봉수망으로 건져 올릴 것이다
열망하던 바다 사나이가 되었으니
하얀 제복 입은 사관이 아니어도 좋다
나를 위해 멋진 거수경례가 없어도 좋다
깨끗하게 다림질한 작업복에 두툼한 새 작업화
더블백 깊은 바닥에 시집 한 권을 감추었다
나는 그리운 바다로 간다
젖은 눈빛으로 바라보지마라

기다려달라는 말은 하지 않겠다
심장이 뛰는 동안 내가 살아야 하는 바다
46쪽인 네이비블루 사각 바다를 꼭꼭 접어
가슴 속에 넣는다, 지금 이 순간
스물다섯 살 나는 푸른 바다다
내가 살아온 청춘도 뜨거운 바다다
내가 살아갈 내일도 생명의 바다다.

나를 선적하다
— 스물다섯 살의 바다 · 2

선석 가득 몰려들었던 납품차량이 떠난다
마지막으로 80kg들이 쌀 100가마가 선적중이다
일등항해사는 출항 전 뱃일은 이것으로 마친다는데
내 보급품은 아직 선적하지 않았다
어머니가 끓여주시던 얼큰한 김치찌개
너의 얼굴과 목소리를 담아두었던 휴대전화
아직 잉크가 마르지 않은 젊은 시인이란 이름표
미완성으로 남은 두툼한 습작노트
부치지 못한 여러 장의 편지여
일용할 부식이라면 어깨에 메고 가겠지만
스스로 선적금지물품으로 정하고
오직 72kg의 나를 선적한다
맨 몸뚱이의 나는 살아있는 선적용품
그것으로 만족하기로 한다
아흔아홉 번째 쌀가마가 선적될 때
슬쩍 눈물 한 가마쯤 싣고 싶었지만
눈물은 바다에서 얻을 수 있는 보급품이다
원양어선 상갑판 아래 어창은
피와 눈물 얼게 만드는 무정한 곳이어서
바다 위에서 고장 나면 쉽게 수리할 수 있는
나를 가장 잘 아는 스물다섯 살의 나를 선적한다.

출항 전야
— 스물다섯 살의 바다 · 3

전깃불이 꺼졌다
온기가 다 빠져나간 낡은 모포 속
지난 귀항에 남겨두고 간
가난한 삼등항해사 부부의
도란도란 말소리 들린다
달빛마저 들지 않는 선창 아래
바다의 밑바닥에 누워
스물다섯 살 다시 돌아갈 수 없는
시간을 만지면
떠난다는 것은 차갑다는 말인 것을 안다
진실로 차갑다는 것은
뼛속까지 스며드는 아픈 말인 것을 안다
바다로 가는 길은 내가 택한 운명
나무침대가 삐걱거릴 때마다
바람벽을 고양이처럼 할퀴어보면
벽의 생채기에서 내 피가 흐른다
이곳에서 할 수 있는 것은
문을 활짝 열어 저 바다를 불러
뜨겁게 동침하는 일
바다가 내게 은밀하게 감기며

사랑한다 말 건네 오지만
문득문득 스치는 두려움으로
나는 답할 노래를 잊었다.

출항제
— 스물다섯 살의 바다 · 4

나를 감고 있던 뭍의 쇠사슬 쿵 끊는다
양수로 가득 찬 먼 바다가 터진다
어디서 피 냄새 바다 비린내가 난다
그 바다에 스물다섯 살의 배를 띄우며
독한 술잔을 높이 든다, 건배
뱃머리 출렁이며 함께 잔을 든다
바다가 자꾸만 나를 불렀다
내가 떠나는 이유 오직 그것뿐이다
닻 올려라, 부는 바람에 돛 올려라
그리고 내 청춘의 조타륜을 잡아라
내 몸뚱이 내가 밀며 바다로 길을 낸다
늙은 물고기가 내 뼛속으로 알을 슬고
어린 새끼들 내 늑골 사이로 헤엄쳐 나갈 것이다
뱃길은 내 손금의 인장으로 찍힌 뜨거운 운명선
그 운명을 따라 나는 끝없이 헤매어도 좋다
선원들이 높이든 출항의 술잔은
내일의 바다를 찾아가는 신성한 의식이다
오늘이 떠나면 이 부둣가로
오늘은 다시 돌아오지 않을 것이다
나는 접시에 이등항해사가 부어주는

바다를 받아 마신다
독하다, 목젖이 탄다
이등항해사의 부평 같은 바다를 알기엔
나의 바다는 아직 젊다
포세이돈이여, 이것을 축복이라 말해다오
오대양 육대주는 나의 새로운 정처
새벽 별자리는 나의 시계
어디서든 내가 나를 만나는
숙명의 시간은 있을 것이다
유빙을 헤쳐 가는 쇄빙의 항해가 있다면
그 어딘가 감춰 놓은 보물섬이 있을 것이다
가끔 태풍을 선물처럼 보급 받으며
기한 없는 항해일지를 쓸 것이다
뱃고동으로 미지의 아침을 깨우리라
바다의 가장 낮은 곳에서 바다를 만지면
바다는 제 속살 다 보여 줄 것이다
나는 그렇게 믿고 떠난다
수평선에 내일이 붉게 떠오르고 있다
뒤돌아보지 않았지만 내가 떠나온
그리운 항구는 별로 지고 있을 것이다.

블루피터를 올리며
— 스물다섯 살의 바다 · 5

블루피터*가 올라간다

출항이다
모자를 고쳐 쓰고 바로 선다
뱃고동이 내 몸을 울리며
오대양 육대주로 길게 퍼져나간다

나는 이 제국의 날개 없는 노동자
신성한 의무는
바다를 그물째 건져 올리는 일
그 바다를 당신의 밥상 위에
푸짐하게 차리는 일

눈물짓는 어머니란 이름의 여자여

행여 내가 돌아오지 않아도
잊지 마시라

블루피터 휘날리며 떠나간 하늘에
내가 남긴 노래를

당신께 드린
노스탤지어의 내 푸른 손수건 한 장을.*

* 블루피터(Blue Peter) : 출항을 알리는 기.
* 유치환 시인의 시 「깃발」에서 변용.

SONG-DA
— 스물다섯 살의 바다 · 6

독도 아랫목을 항해하고 있다
북위 36도 10분,
동경 131도 12분을 지날 때
태풍이 슬렁슬렁 따라온다
가시적 해무에 몸이 굳어진다
손을 내밀어 만져보면
냉동 창고의 서릿발이다
파도가 입을 닫고
고요해진다
바다도 두려울 때가 있다
깜빡이는 항해등만 바라보고 있다
정적은 뱃사람에겐 사치지만
밤바다의 침묵을 이해하기로 한다
통신장이 가져온 기상예보에서 만난
태풍의 이름은 SONG-DA*
바다의 또 다른 얼굴
-피하지 못하면 즐겨라
선장의 첫 명령이 미드워치*로 전달된다
엉터리 삼등항해사에게
바다가 가르치는

항해술 현장 특강이 시작된다
지금 바다의 푸른 등뼈를 타고
송다란 긴 뱀이 기어온다
훳-훳- 휘파람 불며 온다.

* 송다(SONG-DA) : 2011년 제2호 태풍, 베트남에서 지어졌으며 강의 이름을 뜻한다.
* 미드워치 : 자정부터 새벽 4시까지 야간 당직.

바다 폐선장
— 스물다섯 살의 바다 · 7

쓰가루 해협을 통과했다
바다는 거대한 폐선장이다
규모 9.0의 대지진으로
일본 동북부 지방을 강타했던
쓰나미는 현재진행형이다
하늘은 맑고 시정거리는 5마일
눈이 시리도록 평온한 물빛 위로
쓰나미의 잔해는 유령선 되어
해류를 타고 떠돌고 있다
저 고장 난 고철덩어리 속에
다시는 고향으로 돌아가지 못하는
실종된 주검이 있다
소리 없는 통곡이 있다
인도네시아 선원은 그들의 방식대로
그물을 손질하는 상갑판에서
무릎 꿇고 코란을 꺼내 읽는다
침묵의 소용돌이 속에서
신라 처용의 얼굴 보았다
용서를 비는 역신의 목소리 들었다
일본열도가 휘어지고 있는지
쓰나미 주의보는 계속 타전된다.

나는 보았다
— 스물다섯 살의 바다 · 8

배는 바다를 항진할 때 제 이름을 갖는다
그걸 거대한 쇳덩이라 말하지 마라
한 척의 배가 바다를 건너갈 때
그건 한 마리 살아있는 물고기다
하나의 목적지를 가진 것이 그어놓은
항로선은 우정 같은 것
북양에서 사나흘 전쯤 지나간 배가
차가운 바다에 남긴 흔적을 볼 때
나는 사람의 따뜻함을 느낀다
세상 모든 것은 바다로 흘러온다
바다에선 가장 빛나는 것만이 떠간다
파블로 네루다의 '스무 개 사랑의 시'는
모두 바다로 흘러오지만
바다를 헤쳐갈 수 있는 것은
'한 편의 절망 노래'뿐이다
바다가 거칠다고 표현하는 것은
그 사람의 마음이 거칠기 때문이다
지구가 둥글 듯이 바다도 둥글다
그 바다에서 나는 보았다
순명하는 것들이 바다에 와서

알처럼 둥근 생명을 품는데
오직 욕심 많은 사람의 손만이
바다를 움켜쥐려 한다는 것을.

항해의 뒤편
— 스물다섯 살의 바다 · 9

계류삭繫留索*을 감아올릴 때
두 팔을 끊어버리고 싶었다

두 손으로 잡아도 다잡지 못하는
질긴 인연의 외줄 끝에 무거운 네가 있다

가끔은 계류삭 따라 너의 안부가
매달려 올 줄 알았지만

언제나 경계의 날선 바다가 따라오고 있었다

등대도 사람을 향해 마주보고 있는데
용서하지 마라
나는 너에게 작별이란 말 끝내 하지 않았다

12해리 영해를 지나고
배타적 경제 수역을 지나면서

내 마음 속 배타적 바다를 쏟아 버린다

돌아오면 너의 바다에 내 그물을 던지리라
그것이 국제법 위반이라면 발포하라

산산조각이 나도 좋다.

* 계류삭 : 선박 따위를 일정한 곳에 붙들어 매는 데 쓰는 밧줄.

황천바다
— 스물다섯 살의 바다 · 10

TV에서 보던 태풍은
한낱 드라마 세트장에 불과했다
바다 한복판에서 만나는 태풍은
네셔널지오그래픽 다큐멘터리 카메라로
모두 기록할 수 없는 황천荒天*
파산선고 받은 듯
방향 잃은 나침반이 춤을 춘다
수신하지 못하는 레이더는 이미 불능이다
선회창* 밖 바다가 엿가락인양 바스라진다
백파白波에 수천수만 장의 참회록을 쓴다
황천은 우리를 쉽게 풀어주질 않는다
나는 몇 번이나 오줌 지렸는지 모른다
일등항해사는 심각한 얼굴로
구조용 조명탄을 준비한다
만약 조명탄이 터진다면
그것은 러시아 룰렛 같은 것
한 알의 총알이 바다의 머리에 박힐 때
피가 뭉텅뭉텅 빠져나가는 바다의 체온은
대책 없이 허옇게 낮아 질 것이다
혼이 빠져 나간 사람의 육신은

썩은 생선처럼 허물어질 것이다
살아남기 위해서가 아니라
두려워서 성호를 긋는다
황천바다에서 돌아가지 못한다면
우리는 북양에서 빙하로 떠돌 것이다
뒤죽박죽된 감정선에 수평선이
활시위처럼 튕기듯 솟구친다
라이프 재킷 입고 망치를 든다
휘어진 마스트를 곧추세운다
죽음 앞에서 배도 사람과 한 몸이다
입을 열면 모두 터져 나올 것 같은
밸러스트 수水를 스스로 삼키며
오뚝이처럼 수평을 잡는다
수평이란 바다와 한 몸이 되는 것
오만하지 않고 겸손해야 하는 것
때로는 태풍의 진로를
경전처럼 읽어야 하는 밤이 있다.

* 황천 : 거친 날씨에 바다가 사나워져 있는 상태.
* 선회창 : 원판 유리를 고속으로 회전시켜 시야를 확보하기 위한 창.

바다 신기루
— 스물다섯 살의 바다 · 11

바다에 신기루가 있다
하늘을 뒤덮던 별이란 별
불을 끄고 잠들었는데, 반짝
반짝 수평선에 별 하나가 빛난다
레이더는 묵묵부답
깜짝 놀라 몇 번을 확인했지만
별은 빛나며 나에게로 다가온다
육지다, 육지일지 모른다
명예삼등항해사는 허둥대는데
내가 놓친 조타륜을 잡으며
선장이 껄껄 웃는다
신기루라고, 바다에서 절망하는
사람에게 찾아오는 신기루라고
바다에는 황천변주곡의 마지막
악장이 끝나고 있는데
내가 보는 이 신기루는 무엇인가
바다든 사막이든
죽음의 바닥을 지나는 사람이
희망으로 보는 신기루
반짝, 반짝하며 내 꿈을 유혹하는
바다의 신기루를 만난다.

다시, 항해
— 스물다섯 살의 바다 · 12

태풍 지나자
하늘이 다시 열린다
수평선 위로 떠오르는
작은곰자리에서 가장 빛나는
북극성을 찾는다
망망대해에서는 제자리를 지키는
별이 등대다
별자리를 이어주는 차가운 궤적 따라
다시 조타륜을 잡는다
황천이 물러난 바다에
북양이 돌아온다
피해보고를 받으며
부서진 곳을 수리 하면서
항해는 계속된다
쉬지 않고 가야하는 뱃길이 있다
다리를 절면서도
건너야 할 바다가 있다
지구도 금륜金輪의 조타륜을 잡고
기울어진 지축을 바로 세우며
항해중이다, 내 곁으로

경쾌한 휘파람을 불면서
고래 떼가 지나간다.

집어등 꽃밭
— 스물다섯 살의 바다 · 13

첫 꽁치 떼다!
750W 할로겐 피싱 램프를 밝힌다
북양에 피는 하얀 꽃
꽃향기 따라
꽁치 떼들이 몰려온다
은청색 무리들이
바다와 하늘을 이어주는
오작교 같다
하늘의 별이
그 다리를 건너
함박눈처럼 내린다.

물방
— 스물다섯 살의 바다 · 14

현재 수온은 13.5도
꽁치 떼가 몰려드는 바다의 유혹적인 체온

그물을 건지면 아무것도 없는 물방*
물방에 선원들은 슬퍼하지 않는다

다시 그물을 던지며
꽁치 집을 두드리는 주술

만선이 되면 고향으로 돌아가려니
고향에 가면 결혼하려니

물고기야, 물고기야 나에게 오라

이국의 선원들이 모여 꽁치 집을 두드린다.

* 물방 : 그물에 물고기는 없고 바닷물만 가득하다는 바다사람들의 말.

둥근 수평선
— 스물다섯 살의 바다 · 15

망망 바다 주위를 둘러보면
나를 태우고 돌아가는 회전목마

수평선은 언제나 둥글지

바다는 앞뒤가 한 길로 이어지는
둥근 뫼비우스의 항로

그 띠를 따라 갑판에서
180도 360도 빙, 빙빙 돌다보면

아하! 바다는 한 장의 연잎

이 배는 그 연잎에 맺힌
아주 작은 이슬방울 같은 것

살아서는 벗어나지 못하는
화엄華嚴바다에서 이슬로
또르르 또르르 맺혀

수평선이 인사를 건네지

안녕하세요, 망망대해 씨
날씨 참 좋습니다.

미드나이트 블루
― 스물다섯 살의 바다 · 16

바다에 물고기가 사라졌다
최신식 어군탐지기로
흔적조차 찾을 수 없는 밤
항해등에 비친 플랑크톤이
형광빛 무지개의 반짝임으로 살아나
온 바다를 뒤덮는다
물고기를 찾아 떠도는 사람은 안다
그것이 파도가 연주하는
북양의 감미로운 환상곡이라는 걸
탐조등이 지나칠 때마다
불꽃처럼 터지는
미드나이트 블루여
별빛이 내는 길을 따라
배의 뒤꿈치를 들고
살금살금 객석에 앉으면
우레처럼 쏟아지는 달빛
누가 바다 한복판에
공중전화 박스를 세워 놓는다면
당장 달려가
누군가에게 전화를 걸어

저 음악을 들려주고 싶다
미드나이트 블루
북양의 푸른 밤바다.

삼등항해사의 노래
— 스물다섯 살의 바다 · 17

이물*에서 갈라지는 바다를 본다
바다가 경계를 풀고
물거품 속으로 잠드는 시간
나는 명예삼등항해사
오늘 밤엔 미드워치를 지킨다
어선의 삼등항해사는
감기지 않은 눈을 가진 한 마리 물고기
멀리 스쳐지나가는 항해등이 친구며
눈에 익은 도선별*이 나의 길잡이다
도시란 낡은 항구에 발 묶인 낙타는
자신의 발자국을 찾을 수 없어 울 것이다
또 누군가는 사막 위에서
오가지 못하고 취하여 울 때
나는 노래하며 시속 11노트로 항진한다
전진하기에 나는 깨어 있고
깨어있기에 나는 살아 있다
목청껏 불러보는 삼등항해사의 노래
행-진 행-진 행-진 하는 거야
행-진 행-진 행-진 하는 거야.*

* 이물 : 배의 앞부분.
* 도선별 : 바다에서 항로를 잡는 별.
* 그룹 〈들국화〉 노래에서.

환청의 유혹
— 스물다섯 살의 바다 · 18

속삭이는 목소리가 들려
계속 두리번거렸지만
아무도 없습니다
파도가 요란한데 배를 치는데
그 파도소리 뚫고
누군가 내 이름 부르고 있습니다
손때 묻은 조타륜 처음 잡던 날부터
파도나 해풍에 실려
나를 따라오는 소리 있습니다
오직 앞만 보고 달려가야 하는
삼등항해사의 항해일지에
몰래 끼워 놓은 이름
그 이름이 찾아와
속삭인다고 생각했습니다
바다에서는
바다의 일만 생각해야 한다고
파도가 내 뺨을 치는 날
속절없이 붉은 코피가 흐르고
그걸 핑계 삼아 펑펑 우는데
괜찮아요, 괜찮아요

눈물 속에서 내 눈을 맞추는
눈부처*의 목소리 들렸습니다.

* 눈부처 : 눈동자에 비치어 나타난 사람의 형상.

동행
― 스물다섯 살의 바다 · 19

오호츠크 해海에서 러시아 근해近海로
항해한다, 그동안 11개의 태풍이
우리를 쫓아왔다, 집어등을 날개처럼 접고
물고기도 피해가는 바람의 언덕을 지나
바람이 찾지 않는 곳으로 숨어든다
우리는 바람의 수배자, 도망 중이다
출항 때 하얀 세일러복을 입었던 마스트
누런 녹물로 번진 작업복으로 갈아입었다
아무래도 만선이 어렵겠다는
선장의 우울한 목소리가 태풍 같다
배에 구멍을 내고 가는 칼바람이다
만선의 만다라 깃발은 언제 올려보나
태풍이 휴가라며 하급선원들은 잠만 자는데
긴급전보에 사장의 화난 목소리가 담겨왔다
달도 별도 물고기도 제 자리로 숨어버리는데
저 갈매기만이 처음부터 동행한다

이것도 바다의 축복이려니.

젊은 수부를 위하여
— 스물다섯 살의 바다 · 20

바다의 신전이 있다면
물고기도 눈 감고 잠들 수 있을 것이다
당신의 전생이 물고기였다면
그곳을 헤엄치던 영겁의 시간
그 기억까지 찾아 줄 것이다
삼지창을 쥔 포세이돈의 신전
파도가 꽃으로 피는 비밀의 정원
하얀 소금이 눈으로 내리고
당신의 기억이 또박또박
눈발자국을 찍으며 돌아올지 모른다
바다의 진실은 언제나 감추어진 유혹
때로는 목숨을 걸어야 볼 수 있는 높이
당신이 잃어버린 당신을 찾아
목적지 없는 제너럴카고되어 배회하다
바다의 신전으로 가는 길을 묻는다
젊은 수부여, 바다의 길은 하나다
묘비명 없이 사라진 바다사나이들과
바다에서 죽는 영광스런 주검이 돌아가는 그곳
포세이돈은 당신이 처음 당기던 그물에
신전으로 가는 지도를 남겼을지 모른다

당신이 아득하여 울고 있을 때
위로의 술잔을 건네주었을지도 모른다
아직 한 번의 기회가 남아 있을 것이다
바다로 돌아가고 싶다면
당신을 찾아오는 포세이돈의 손을
잡고 놓치지 마라
나도 처음 바다로 나온 뱃사람이니
이 말도 믿지 마라.

자화상
— 스물다섯 살의 바다 · 21

8자 매듭 눈 감고 척척 맨다
손이 아닌 리듬으로 그물을 당긴다
어魚상자 들면 바다의 무게를 알 수 있다
발을 펼 수 없는 불편한 침대 위에서
가장 편안한 꿈을 꿀 수 있다
태풍 속에서 넉넉하게 밥을 먹을 수 있다
면허증 없는 명예삼등항해사가 되어
조타륜 돌리며 배를 몰면서
파도의 맛을 알았을 때
거울 속에 또 다른 내가 있다
길게 자란 머리칼과 듬성듬성 난 수염
새까맣게 탄 처음 보는 내 얼굴에 놀랐지만
제법 뱃사람 티가 나는 스물다섯 살의 자화상
노동으로 단련된 팔뚝은
당장이라도 뛰쳐나갈 강철 물고기 같다
비록 당신이 나를 알아보지 못한다해도
나는 이 바다에서
신천옹信天翁*보다 자유롭다
자유롭기에 달콤하도록 행복하다.

* 신천옹 : 앨버트로스의 다른 말.

스물다섯 살의 바다
— 스물다섯 살의 바다 · 22

뱃길 닿지 않은 미지의 섬을 향해
황금빛 돛을 펼칠 것이다
선원수첩에 끼워둔 보물지도를
펼치며 출항할 것이다
파도가 치면 파도를 맞을 것이다
태풍이 치면 피하지 않을 것이다
젊다는 게 그런 것 아니겠는가
바람에 나뒹굴면서
조타륜을 꽉 잡고 놓지 않을 것이다
항구의 불빛에 마음 흔들리지 않을 것이다
나만의 해도에 첫 항적을 그으며
항해를 할 것이다
시간보다 느리게 내 배를 몰 것이다
계절보다 더 느리게 내 배를 몰 것이다
하루에 한 뼘씩 바다와 친해질 것이다
파도를 넘으며 파도와 얼굴 맞출 것이다
오래 연락이 없다면
내가 보물섬에 닿았다고 생각하라
나의 보물섬은 보물을 감춘 곳이 아니라
내 마음의 보석을 던져 놓고 오는 섬

누군가 스물다섯 살의 내 바다를 묻는다면
그 보물섬의 지도를 건네주리라
그리고 훈수처럼 한 마디 더 하리라
가면을 벗어야 바다가 보인다, 고
바다보다 낮아져야 바다가 보인다, 고.

북태평양으로의 초대
― 스물다섯 살의 바다 · 23

매일매일 시계바늘 따라 돌아가는
어제가 오늘이고 오늘이 내일인
그곳 도시에서 훌쩍 떠나와
여기 잠시 쉬어가도 좋으리

노을 지는 고물*에 앉아
통기타를 치고 싶다는 낭만 따윈 버리고
누군가에 그리운 편지를 쓰겠다는
값싼 사랑의 시구詩句도 버리고

하루 16시간 바다 노동과
꽁치가 바다를 초록으로 물들이며 찾아올 때면
24시간 가대기*를 치는 청춘의 피멍든 어깨에

빠담빠담이 사랑 앞에서 뛰던 심장소리만이 아니라
몸이 소금밭으로 변하는 땀의 노래라는 것을
그대는 알게 될 것이니

시베리아에서 불어오는 북양의 찬바람 앞에서
식지 않는 심장의 뜨거움으로

이곳에서 밤새 포효하다 잠들지 않아도 좋으리

처음 만나는 밤하늘의 별자리와 첫눈 맞추다
자신도 모르게 흐르는 눈물이 핏물이라는 것을
그 핏물이 바다의 원색이라는 것을 안다면
여기 잠시 머물다 가도 좋으리

오지 않는 전화를 기다리는 일에 상처 받고
그 상처가 덧나 길을 잃고 좌표 없이 떠돌던
사랑의 빈 주머니를 탈탈 털어버리고
북태평양에서 보내는 나의 초대에
여기 잠시 머물며 치유해도 좋으리

그곳에 두고 온 나의 가여운 영혼이여.

* 고물 : 배의 뒤쪽 부분.
* 가대기 : 무거운 짐을 갈고리로 찍어 당겨서 어깨에 메고 가까운 곳으로 나르는 일.

마닐라 로프
― 스물다섯 살의 바다 · 24

바다 깊은 곳으로 꽁치 떼가 몰려오고
마닐라 로프가 봉과 함께 떠오르는
만선의 시간
나는 부산항 내음이 나서 좋다, 자갈치 상인들의
왁자지껄한 목소리 여기까지 들린다
마닐라 로프는 나의 항해 동기
마닐라 로프를 어깨에 메고 함께
계류된 선박의 사다리를 타고 올라
지난 항차를 지우지 못한 선실을 처음 봤을 때
마닐라 로프는 이번 항차가 고달프다는 것을
나보다 미리 알았는지 모른다
43m 길이의 봉과 그물을 연결하는
제 자리를 찾아가며, 마닐라 로프는
바닷물에 젖으면 금강석처럼 단단해지는 항해를
몸으로 알고 있었을 것이다
낡은 기관에 기름칠하던 기관사와
앞니 빠진 갑판장과의 첫 인사에
나보다 더 당당했던 항해 동기 마닐라 로프
고향은 대만 어디였다 하지만
부산에서 배를 기다리는 동안, 마닐라 로프는

프로야구 롯데의 팬이 되었던 모양이다
마닐라 로프가 뜨면 부산 갈매기 노랫소리
사정없이 당기라는 갑판장의 외침에
4번 타자 이대호의 불붙은 방망이 되어
봉수망 그물 힘차게 휘감는 마닐라 로프
내 손에 수시로 돋아나는 물집을 보며
언젠가 이 바다가 익숙해질 것이라며
위로하는 친구 마닐라 로프
자갈치 남항 일차 방파제
출항을 기다리는 원양어선에서
마닐라 로프는 이번 항해에
무엇을 묶고 싶었던 것일까
마닐라 로프에
내가 동여매고 싶었던 것은 또 무엇이었을까
북양에서 작업이 끝나고
하루를 마감하는 시원한 바람은 불어오는데
또 하루 분의 항해일지를 적으며
남쪽으로 뒤돌아보는 내 마음을
단단해진 마닐라 로프에 꽁꽁 묶는다.

못대 꽁치
— 스물다섯 살의 바다 · 25

보급선이 오지 않아
한 달째 반찬은 꽁치구이뿐이다
북태평양이 다 반찬이 될 수 있을 것 같지만
꽁치를 잡는 원양어선에서
식탁도 어장의 연속이다, 이러다가
내가 꽁치가 될지 모른다는 상상이
현실이 될까 두렵다
생 소금 뿌려 못대*에 꽁치를 굽는 일이
북위 35도 그곳에선 맛이 있는 풍경이겠지만
쿠릴열도 너머 더 먼 북쪽 추운 바다
북위 49도 여기서는 유일한 생존법이다
맛이 사치스러운 단어가 된 지 오래
그곳 일식당에서 꽁치는 우르르 쏟아져 나오는
하찮은 밑반찬의 하나이겠지만
지금 그리고 여기 꽁치구이 한 점은
예수 그리스도 오병이어五餠二魚의 기적처럼
우리를 살아있게 만든다
하지만 질려버려 쉽게 젓가락이 가지 않아
나의 일용할 양식에 잠시 잠깐 절망하는 사이
꽁치 눈깔이 시퍼렇게 부릅뜨고 묻는다

아직 배부른 절망은 수심 몇 m나 되느냐, 고
생살이 타는 내 고통의 깊이를 아느냐, 고.

* 못대 : 석쇠의 경남지역 방언.

바다 안개
― 스물다섯 살의 바다 · 26

바다 안개가 짙은 날 종소리가 들린다
관자놀이를 마구 때리는 종소리 들린다
그런 날은 무슨 일이 있는지 아무도 모른다
누구든 알아서는 안 된다
보이는 것을 믿어서는 안 된다
들리는 것에 홀려서도 안 된다
안개가 안개 속으로 짙어지면서
종소리가 요란하다
그물이 보이지 않는데
은빛 물고기들은 끝도 없이 밀려든다
물고기와 선원들이 분류되지 않는다
대만선단의 붉은 홍등도 지워진다
종을 치던 이등항해사가 보이지 않는다
이 불안은 어디에서 오는 것인가
내 속에서 종소리가 들린다
쉬지 않고 들린다
종소리를 잡아 만져보니 내 손 가득
붉은 바다가 흥건하다.

붉은 바다
— 스물다섯 살의 바다 · 27

바다에서 생과 사는 순식간瞬息間, 그 사이에 있다
이등항해사 아지즈AZIS가 그 사이에 발을 헛디뎠다

마지막 숨을 쉬는 그를
인도네시아 고향 방향으로 눕혔다

나는 아지즈의 잃어버린 꿈을 찾아다녔다

누구는 내 눈에서 불바다를 보았다고 했다
누구는 내 눈에서 얼음바다를 보았다고 했다

아지즈의 꿈이 온전하게 돌아왔을 때
그는 서서히 눈을 감았다

선장은 마지막 심폐소생술을 지시했지만
나는 아지즈가 편안하게 고향으로 돌아가길 바랬다

대만 선단의 홍등이 조등처럼 펄럭이고 있다

바다의 눈물이 바다를 붉게 물들이고 있다.

꿈
— 스물다섯 살의 바다 · 28

얼마동안의 꿈이었을까
향초의 재가 떨어진다
그에게 바다가 꿈이었기에
나도 이 바다를 원망하지 않는다
염을 하는 인도네시아 선원들에게
늘 웃는 그의 얼굴을 부탁한다
그의 유품은 귀항을 위해 준비한
아들과 딸을 위한 작은 신발
두 켤레뿐, 그는 그 꽃배를 타고
고향으로 돌아갈 것이다
인도네시아를 떠날 때
아내에게 돌아오겠다는 약속은
지켜지지 않았지만
그의 영혼은 벌써
아내를 만나고 있을 것이다
이게 꿈이면 좋겠다
그에게 한국식으로 두 번 절하며
빌고 또 빌었기 때문일까, 출항 전부터
룸메이트였던 그는 꿈속까지 찾아와
밤마다 내 곁에 서늘하게 눕는다.

수장水葬
— 스물다섯 살의 바다 · 29

북양에서 읽는 폴 발레리여

'해변의 묘지'는 사치스러운 죽음의 방식이다

맙소사! 새하얀 대리석의 묘지석이라니!

내가 죽는다면 맨몸으로 수장시켜다오

바다사람들에게 죽음은 바다로 돌아가는 일

죽어서까지 해변에 묻혀 바다를 바라보기보다

바다에서 바다와 한 몸이 되겠다

바다가 되어 부활 하겠다

바람이 분다 살아야겠다, 그 마지막 구절 대신

파도가 친다 나는 살아있다, 는 주문으로

미련 없이 나를 던져버려라.

그 후
― 스물다섯 살의 바다 · 30

그가 떠나고
선원명부에 붉은 두 줄을 그었다
자격증 없는 삼등항해사가
이등항해사로 승진했다
그것도 무면허 명예직이다
미드워치 당직 시간이 많아졌다
잠을 자는 시간은 줄어들고
잠이 드는 시간은 길어졌다
항해일지 끝에
처음으로 시를 쓴다.

선원 J의 잠
— 스물다섯 살의 바다 · 31

처리장을 가득 메운
꽁치들이 보이지 않는다
밤사이 꽁치 분류가 끝난 모양이다
꽁치는 크기별로 모아
어상자에 담겨 냉동 창고로 들어간다
뜨거운 집어등 아래
이국 선원들의 코고는 소리 요란하다
추운 바다에서 집어등은 유일한 온기
선원 J는 앵커박스 옆에
보금자리를 마련했다
중국과 베트남이 서로의 체온에 의지하다
선장의 '하드 아스탕*' 방송에
배가 멈추고 잠이 깰 때까지
여기가 바다의 천국이다
전투가 끝나고 다음 전투 때까지
잠시 쪽잠을 자지만
꿈만은 완전한 꿈이다
나는 선원 J처럼 어디서든
완벽한 잠을 자는 친구를 본 적이 없다
선원 J는 벌써 필리핀에 도착한 모양이다

행복한 잠꼬대가 터진다
고향 주점 주크박스에 동전을 넣고
이곳의 생활을 추억 삼아
파도소리를 청해 듣는 모양이다
선원 J의 코고는 소리에
파도가 잔잔하게 반주를 맞춘다.

* 하드 아스탕 : 배의 스크루를 반대로 강하게 돌려 후진하라는 선상 용어.

갑판장의 사랑
— 스물다섯 살의 바다 · 32

이가 죄다 빠지고 없는 갑판장은
사랑의 상처로 이가 빠질 때마다
바다를 향해 그 이를 던지며
다시 돌아오기를 빌었다지
이가 빠지면 말이 세지만
우리 갑판장은
꽁치 떼가 몰려들 때마다
사정없이 당겨, 라는 고함소리는
누구보다 정확하지
일이 조금이라도 느슨해지면
채찍처럼 쏟아지는 경상도 말은
이 배 누구보다 힘이 세지
한가할 때면 첫사랑 이야기
다방으로 떠난 사랑을 찾아
전국을 구름처럼 떠돌다
행방을 알 수 없는 그녀가 바다와 같아
배를 탔다는 갑판장
출항할 때 첫사랑과 헤어진 영도 쪽으로
오래 눈길 주던 갑판장
조업이 끝나고 사랑이야기가 시작되면

언제 그랬냐는 듯
빠진 이 사이로 푸-푸--
바람이 새는 갑판장의 사랑.

앨버트로스
— 스물다섯 살의 바다 · 33

꼬물꼬물 대는 물갈퀴
바동바동거리며 멈추지 않는 날갯짓
꽉 다문 분홍부리는
아직 바다를 무서워하는 것 같아
꽁치보다 작은 몸이
누가 앨버트로스를 하늘의 군주라 하겠는지
튕겨진 파도도 슬쩍 한방 치고 갔어
다음 항차에는 다 자라 있겠지
바다 깊은 수심에서
크고 단단하게 자리 잡은 부리로
우아하게 제 먹이를 건져 올리겠지
프랑스 시인 보들레르도 배를 탔다지
이 어린 새끼를 만났다면, 시인은
앨버트로스를 조롱거리로 만들지는 않았을거야
오늘은 보들레르의 시를 고쳐 써야겠어
어린 생명은 소중한 것이라고
하늘이 주신 선물이라고
바다에서 시인은 조롱거리가 아니라
바다의 친구라고
아무래도 저 어린 앨버트로스를

어느 바다에서든
다시 만나게 될 것 같다고.

운수 좋은 날
― 스물다섯 살의 바다 · 34

뱃일에 지쳐 눈이 감기고 느릿느릿해지는데
번쩍, 재갈매기가 내 뺨을 치고 간다
번쩍, 잠에서 깨어 다시 그물을 당긴다.

고래에게
— 스물다섯 살의 바다 · 35

너, 앨버트로스를 따라 날고 싶니
나, 날고 싶어지는 시간이 있어

너, 가고 싶은 곳이 있니
나, 돌아가고 싶은 나의 바다가 있어

너, 외로워서 노래하는 거니
나, 눈물이 나서 노래를 불러

너, 사랑한다는 말은 어떻게 하지
나, 사랑이란 말을 잊어버렸어

너, 바다고래가 진화해서 육지 시인이 되었다지
나, 바다로 되돌아가는 물고기 시인이고 싶어

너, 내가 되고 싶지 않겠지만
나, 네가 되고 싶어.

말향고래
― 스물다섯 살의 바다 · 36

물 뿜기다!
저기, 고래가 있다*

말향고래 가족이 북태평양을 지나간다
푸푸 물을 뿜으며 추운 바다로 간다

이런 날 소설 백경MOBY DICK에 나오는
 피쿼드PEQUOD호를 탔다면
 이스마엘ISHMAEL의 유쾌한 수다를 들을 수 있겠지

일등항해사 스타벅STARBUCK이 내려주는 커피를 마시며
에이햅AHAB선장의 비밀이야기를 듣겠지

망대에 올라 흰 고래를 찾는 선장의 눈을 좇다보면
나도 소설 속 등장인물이 되겠지

하지만 나에게 고래는 바다의 동행
지치고 힘들 때 서로의 등을 두들겨 주고 가는 친구

물 뿜기다!

저기, 친구가 간다.

* 소설 〈백경〉에서 차용.

그레이 웨일Gray Whale*
― 스물다섯 살의 바다 · 37

어로의 길이 잠시 멈추었다
해무를 머금은 그믐달의 틈새
카시오페이아가 뜨던 밤
정신없이 그물을 감아올리다
처음 너를 보았다, 귀신고래!
온몸의 털이 빳빳하게 일어섰다
동해로 40년이 넘게 돌아오지 않는
고래, 사진만 남겨놓고 떠나간
귀신고래, 등에 가득한 따개비
수평선을 가르던 너의 몸짓
파도를 멈추게 하는 너의 울음
바다를 단숨에 두 줄기 수직으로 만드는
거대한 고래뛰기BREACHING
황홀한 첫 접견이 있었다
일등항해사의 야단치던 눈빛을 피해.

*그레이 웨일(Gray Whale) : 회색고래, 우리나라에서는 '귀신고래'라고 부른다.

트란 꿩의 바다
— 스물다섯 살의 바다 · 38

방한장갑 속엔
손가락 세 개뿐이지만
급속냉동실의 생선상자를 감싸주는
손의 온기가 뜨거운 그
아침마다 식탁 위에 울려 퍼지는
허밍 같은 그의 기도
트란 꿩, 저 솜털마저 가시지 않은
열아홉 살의 바다를 본다 그는 적도 부근 아시아
가난한 나라의 어린 가장
임신 중인 사랑과 또 한명의 딸이
남편과 아버지인 그를 기다리고 있어
여기는 별빛마저 어는
영하의 바다지만
그의 눈빛만은
늘 고향하늘 남십자성을 향해 빛난다
트란 꿩의 꿈은
북위 차가운 바다를 떠나
고향 더운 바다로 돌아가는 것
이물과 고물 사이
찢어질 듯 팽팽한 바다여

봉수망 가득 풍어를 담아
만선을 허락하시라
그에게 기쁨으로 잠시
하롱베이Ha Long Bay를 잊게 하시라
어둠으로 모여드는
살아 퍼덕이는 은빛 비늘을 찾아
나의 조타륜은
트란 꿩을 싣고
북태평양의 자정 속으로
거침없이 항해한다.

시인의 바다를 묻는다면
— 스물다섯 살의 바다 · 39

밤에는 일을 하고 낮에는 잠을 자죠
꽁치 떼가 몰려들어 5일 밤낮을
뜬눈으로 새지요
젊은 내 노동이 어떠냐고 묻는다면
시를 쓰는 일보단 어렵지 않다는
그런 비유를 해도 이해하시길
37명 정원의 이 배에서
스물다섯 살은 어린 나이가 아니죠
나보다 어린 이국의 선원이 20명이나 되죠
내가 형처럼 돌봐 주어야 하니까요
이등항해사가 무슨 일을 하냐고요
아니어요, 그건 시인이라서 받은 명예직이죠
낮에는 꽁치를 찾아 배를 몰고
저녁에는 그물을 당기죠
해지기 전에 이른 저녁을 먹고
현지시각 자정 무렵 야식을 먹지요
그래도 힘든 노동을 끝낸 뒤
여유 있는 아침이 좋지요
반찬투정을 하는 선원은 없지요
아침 뒤에 잘 수 있으니까요

시는 쓰느냐고요
가끔 나의 항해일지 속에 남기지만
내 심장 속에 피로 기록할 뿐이지요
그렇다고 기대하지는 마세요
꽁치 잡이가 지금은 시를 쓰는 것보다 영광스런 일이죠
잡은 꽁치들은 냉동으로 보관되죠
어창이 가득차면 운반선이 와
싣고 가지요, 어창이 차고 빌 때마다
시간은 가고 바다는 추워지지요
떠날 때부터 낭만의 바다는 기대하지 않았죠
나는 마도로스가 아니라 뱃놈이니까요
일해야 하는 바다 노동자이니까요
하지만 원색의 붉은 해가 수평선에서 떠오르면
가슴이 뛰다 못해 전율하죠
내가 본 가장 위대한 일출이었으니까요
그건 내가 받은 원양의 축복이지요
저녁 노을도 아름답지만 슬프지요
노을이 지면 노동이 기다리고 있으니까요
그렇다고 그런 눈으로 보지 마세요
우리는 탈출하기 위해 떠난 것이 아니라

돌아가기 위해 떠나 왔으니까요
가끔 조업이 없는 밤이면 줄낚시를 하죠
붉은오징어들이 묵직하게 걸려오고
그것을 말려 돌아갈 선물로 준비하죠
선물가방이 두툼해질수록 돌아갈 날이 가깝죠
가져온 시집은 읽느냐고요
북양처럼 더 좋은 시집도 없지만
눈물이 날 때 시를 읽지요
그 이야기는 그만하죠
보고 싶은 사람이 있느냐고요
노코멘트, 그건 말하지 않겠어요
당신의 상상에 맡기겠어요
그럼 이만, 바다로 나갈 시간이네요.

귀항명령
— 스물다섯 살의 바다 · 40

부산 중앙동 본사에서 귀항명령이
전보로 날아왔다, 선장은 침묵했다
꽁치는 여름엔 북해도 이북 북양에 산다
겨울엔 일본 남부해역으로 회유를 한다
예고되지 않았던 일본 동북부 원전사고로
그 해역의 꽁치는 아마 시장성을 잃은 것 같다
어창을 채워야 할 한 번의 만선이 남았지만
꽁치를 따라 돌던 항적은 끊어졌다
지금부터 우리는 돌아간다
돌아가는 사람에겐 환호성이 터지지만
선장은 바다만 바라보며 섰다
35년을 바다에서 살았던 선장은
요즘 들어 부쩍 머리가 하얘졌다
나에게도 실감나지 않는 뜻밖의 귀항명령
서서히 뱃머리를 돌린다
이 바다도 정이 든 모양이다
눈물이 날 것 같지만 참는다
기억하라 바다여, 나는 이등항해사였다
안녕, 쫓고 쫓기던 나의 물고기들이여
아디오스, 눈 내리는 북양바다여

다시 찾아 올 거란 약속할 수 없지만
내 마음에 너를 다 담아가니
스물다섯 살 내 나이와 함께
영원할 것이다.

잉크 편지
— 스물다섯 살의 바다 · 41

수평선으로 붉은 바람이 붑니다
하늘엔 붉은부리갈매기가
저녁을 향해 무리지어 날고 있습니다
귀항명령을 받고 처음으로
당신이 넣어준 금촉 만년필에
여기 북태평양 저녁 바다를 닮은
잉크 가득 채워 처음으로 편지를 씁니다
고백하자면 여러 번 전화를 걸고 싶었습니다
바다가 고립무원은 아닙니다
선박용 해상위성전화로
당신 목소리를 들을 수 있었으나
그리움이란 바다동물을 상하지 않게 소금에 절여
냉동 창고 깊은 곳에 넣어놓았습니다
잊은 것은 아닙니다
언제라도 녹이면 싱싱하게 되살아나도록
감춰두었을 뿐입니다
북양은 거대하고 추운 바다입니다
봄에서 여름부터 짙은 바다안개에 갇히고
시월부터는 안개가 눈이 되어 내렸습니다
하루 종일 지나가는 배 한 척 보지 못하고

파도만 바라보다 잠드는 날이 많았습니다
나에게 기다림이란 어창을 가득 채우는 일이어서
어창이 차면 남쪽바다로 돌아가는 일이어서
보급품을 실은 운반선이 찾아올 때
몇 자 안부를 담아 보내지 못했습니다
이 편지는 나와 함께 귀국할 것입니다
소인 대신 하얗게 터진 내 입술을 찍습니다.

유리병 편지
— 스물다섯 살의 바다 · 42

바다나 육지나 술이 깨면
허무해지긴 마찬가지다
머리맡에 놓인 만년필과 편지에
북양처럼 깊었던 내 마음 들킨 것 같아
부끄럽다, 멀었다 아직 멀었다
나는 진짜 뱃놈이 되긴 멀었다
편지지를 내가 마신 술병에 넣어
새벽 바다로 던져버렸다
그래도 인연이 있다면 그 편지
그 사람에게 흘러가길 슬쩍 바라며.

귀항
— 스물다섯 살의 바다 · 43

아직 계류삭을 던질 시간이 여러 날 남았다
기다리란 말 대신 귀항할 때까지 지켰던
바다에서 배운 침묵을 가지고 돌아간다
귀항을 하며 처음으로
귀항 다음에 만날 나의 바다를 생각한다
먼 바다를 돌아다녔지만
멀다는 것은 마음의 거리距離
사실 나는 해도 위의 한 점도 되지 못했지만
배에서 사다리를 내리고 다시 육지를 밟는
순간까지, 나는 명예 이등항해사다
조타륜을 잡은 젊은 뱃사람이다
바다를 떠돌며 산다는 것이 무엇인가
녹물로 꽃을 피운 자신 같은 배를 보며
그가 물었지만 나에게는 한바탕 꿈이었다
돌아가면 이젠 바다를 떠나야겠다는 그에게
35년의 바다가 꿈이 아니시길
돌아가 우리가 로빈슨 크루소처럼 다시 만날 때
나를 먼저 울리는 것이 바다이기를
그의 눈물을 달래는 것이 바다이기를

우리는 귀항중이다.

마드리드 호텔 602호

독한 럼주 병이 부딪치는 소리가 들린다
하급선원들이 돌아온 바다와
떠나갈 바다를 위해서 건배를 하는 사이
호텔 602호는 마스트를 세우고 바다 위에 떠있다
아니, 이미 항진 중인지도 모른다. 바다에서
허무, 낡은 시집의 행간, 해무는 같은 색이다
점점 깊어지는 밤의 해무
수시로 무적이 길게 혹은 짧게 울리고
J는 아직 조타륜을 잡고 자신의 바다를
항해중일 것이다, 조타실의 문을 열자
바다 속에서 해독 할 수 없는 안개가 타전되고
나는 이미 길을 잃은 한 척의 운명
해도를 펼쳐 북극성의 좌표를 찾는다
J도 이 바다를 떠나 희망봉을 찾아 갔을 것이다
스무 살, 바다를 잡을 때마다
늘 빈 손바닥이었다
지금도 바다는 나에게 오리무중이다
늙은 고양이가 친숙한 비린내를 풍기며
안개 속으로 유유히 사라진다
안녕, 이 하룻밤도 안개처럼 사라질 것이다

안녕, 나도 사라질 것이다
J가 누워 있던 침대엔
낡은 바다가 코를 골며 자고 있다
이번 항해가 길어질지 모른다
어쩌면 무사히 귀항하지 못할지 모른다
마드리드 항에서 이 호텔은
항해사들로 이미 만원이다
하지만 마드리드에는 항구가 없고
이 호텔에는 602호가 없다.

앨버트로스를 기다리며

마드리드 항을 떠날 때 보았지, 검은 항구에서
앨버트로스를 기다리며 새 모이를 들고 있는
늙고 등 굽은 수부를, 나는 이 항구에
앨버트로스가 날아오느냐며 비아냥거렸지
늙은 수부는 대답 대신 활짝 웃어 보이며
모이를 바다를 향해 던져 주었지
나는 대서양을 건너가며 새를 찾아보았지만
어느 바다에도 앨버트로스는 날고 있지 않아
앨버트로스는 긴 날개를 가진 새, 하늘을 날면
 날갯짓 없이 몇 십 키로 미터를 날아가는 신천옹
그때 나는 알았어
늙은 수부가 새를 기다리는 이유를
바다를 오가는 모든 배들이 앨버트로스라는 것을
그 배를 탄 선원들이 누군가에겐 앨버트로스라는 것을
어쩌면 늙은 수부가 기다렸던 것은
젊은 날 자신이 탔던 낡은 배인지 몰라
그 배에서 파이프 담배를 물고 내릴 그 자신인지 몰라
나는 기다린다는 것이 앨버트로스라는 것을 알았어
보들레르가 사랑한 앨버트로스처럼
나의 항해일지에 앨버트로스를 기다리며

몇 줄의 붉은 적바림을 남겼어,
바다를 돌고 돌아 마산항으로 귀항하면
나를 기다리는 앨버트로스가 있을까
내가 기다렸던 앨버트로스는 있을까
나도 늙어 배에서 내리면, 나를 기다리는
한 마리 앨버트로스가 될 수 있을까.

마드리드 항에서 온 편지

당신의 바다는 지금 어디쯤 떠 있을까요 점성술사에게 물어 이곳으로 다시 돌아왔지요 바다를 건너는 일 만큼, 전생애全生涯를 기다리며 사는 사람이 또 있을까요 또 다른 바다의 주소를 확인해 보고 싶어 뱃머리를 돌려 당신에게로 돌아왔어요 기억하시는지요 밤하늘별처럼 많은 섬을 낳기 위해 은하수는 바다 위에 누워있다는 그 말에 침묵했지만, 이 낡은 호텔 안에서는 그렇게 절실할 수 없네요 독한 술에 취해 함께 했던 그날 밤, 바다 뒤에서 바다를 안아주던 따스함까지 기억하고 있어요 이 바다를 떠나면 다 잊어버릴 줄 알았는데, 아니었나 봐요 어디에서든 불현듯 찾아오는 바다는 당신을 닮았지요 당신의 냄새가 나지요 나는 당신을 닮은 바다를 낳을 수 있을까요 답장이 오지 않을 것을 알면서 이렇게 편지를 쓰면서 아물지 않은 내 바다의 상처를 만져보곤 하지요 나는 다시 축복받을 수 있을까요 밤마다 찾아오는 또 다른 바다에게서 섬들이 벗어 날 수 있을까요 바다는 당신과 함께한 이 낡은 호텔 안에서 나를 잔인하게 감금하고 있어요 나의 바다는 지금 마드리드 항에 있고요, 당신의 바다는 어디쯤 메밀꽃을 피우며 찾아오고 있나요.

| 해설 |

스물다섯 살의 바다 혹은, 바닥의 눈물

권성훈
(시인·문학평론가)

여기 바다에서 온 청춘이 있다. 스물다섯 나이에 바다로 떠나 바다의 심장을 파도처럼 철썩이다가 돌아온 이재성. 그는 바다에서 한 권 분량의 시어들을 건져 올렸다. 이 시어들은 '누군가 스물다섯 살의 바다를 묻는다면'이라는 제목으로 눈앞에서 물결친다. 푸른 기표의 비늘과 거칠게 호흡하는 기의의 아가미가 그것을 말해주는 듯 하다. 그렇다면 그가 살아있는 시어들을 포획하는 과정과 그 의미를 이 시집을 펼치면 확인할 수 있을까. 그가 언어의 그물질로 엮은 〈스물다섯 살의 바다〉 연작「선원수첩 SEAFARER'S BOOK을 받으며-스물다섯 살의 바다·1」에서「귀항-스물다섯 살의 바다·43」까지에 대한 항해 기록을 넘긴다.

이재성은 스물다섯 살에 선원이 되어 "바다에서 죽고 사는 것은/파도 한 장 차이다./그때 나는 붉은 바다를 보았다."(「시인의 말」부분)라고 말하는, 시인의 바다는 어떨까. 마치 약관의 나이에 세계를 통달한 것 같은, 그의 패기는 육지와 바다로 이어진 혹은, 끊어진 그 사이 어디쯤 오는 것일까. 분명한 것은 '파도 한 장 차이'의 삶과 죽음을 만지고 '붉은 바다'를 경험한 그의 언어는 언제나 조타륜을 잡고 있다. 그에게 있어 조타륜은 시를 쓰게 만드는 펜촉이면서 세계로 나아가는 방향 지시이다. 때문에 조타륜을 잡고 바다에서 건져 올린 시어들은 상징으로 가득 차 있다. 시에서 등장하는 바다와 선박, 선원 등의 생소한 이름이나 용어 등을 통하여 상징은 구체화되며 언어적으로 에너지를 얻는다. 이것들은 각기 다른 존재이지만 시인의 관찰을 통해 개별적인 의미에 덧붙여지는 무엇인가에 대한 함축을 가진다. 그것은 애매하고 모호한 미지의 것이며, 세계에 숨겨진 무엇인가를 포함하고 있다. 융에 따르면 "그것은 보다 넓은 '무의식'의 측면을 갖고 있으며, 무의식은 정확히 정의되거나 완전히 설명될 수 없는 것이다. 그러나 인간은 꿈의 형태에서 상징을 무의식적·자연발생적으로 산출하고 있다."고 했다. 그의 시에서 '바다'라는 물의 원형이 그렇다. 최초의 발현지로서 생명을 공급받은 바다는 "영혼의 신비와 무한성, 죽음과 재생, 영원, 무의식 등을 상징한다."(이승훈, 『문학상징사전』, 고려원, 1995, 186쪽)고 했다. 휠라이트의 '물의 원형'은 정화한다는 특성과 생명을 유지시킨다는 특성이 결합하여 '순수'와 '새생명'을 상징한다. 반면 '조타륜'은 '원의 원형'으로서 '철학적'이고 '완벽한 형태'로서 말하자면 '수레바퀴'다. 이 수레바퀴는 반복과 순환, 그리고 운명을 상징한다. 마찬가지로 선박을 조정하는 '조타륜'은 수레바퀴처럼 타원형의 구조로서 원을 구체화한 것인 바, 그의 시에서 반복적으로 보여주는 운명을 의미하는 것 같다.

 이렇게 그의 '바다'는 무의식의 세계이며, 조타륜은 이 무의식의 세계를 운명처럼 가로질러 가는 열쇠다. 미지의 세계에 닻을 올리고 무의식을 여는 꿈. 그것이 그의 시의 출발점이 아닐까. 그가 바다로 간 것은 운명이면서 살아있음을 확인하는 과정으로 보인다. "스물다섯 살 나는 푸른 바다다/내가 살아온 청춘도 뜨거운 바다다/내가 살아갈 내일도 생명의 바다다."(「선원수첩 SEAFARER'S BOOK을 받으며」) 그래서 그는 자신을 '바다'라고 명명한다. 시인의 바다는 푸른 꿈이며 피 끓는 정념이다. 그렇다면 꿈을 향한 정념의 바다는 시인이 현실에서 찾지 못한 무엇인가에 대한 결핍을 충전하려고 하는 의도가 보인다. 현실 세계라는 한계의 벽에서 찾은 자연, 그것은 바다를 통하여 현실에서 충족될 수 없는 무엇인가를 대리하고 있다. 이른바 '대리 보충'되어진 것이다. 시인은 자신의 "정념에 그것을 지배할 수 있는 이성을 결합시킨다. 그리고 자연적인 격정들의 대리 보충으로서 이성을 부여한다. 따라서 이성은 자연 속에 있는 동시에 자연을 대리 보충한다.(자크 데리다, 김성도 역, 『그라마톨로지』, 민음사, 2010, p.437) 이 바다는 주체의 결여되는 것을 보충하면서 한계를 초과하게 하면서 현실적 보상을 부여한다는 것인데, 현실에서 얻을 수 없는 것. 즉 "눈물은 바다에서 얻을 수 있는 보급품이다"(「나를 선적하다」) 눈물이라는 보급품, 그것은 시인이 바다에서 얻은 시편들이다. 이렇게 보급된 눈물을 통하여 결핍되어진 이성을 감정으로 보충하거나, 충전하려고 하는 시적 도전이 바다로 열려있다. "나를 감고 있던 뭍의 쇠사슬 쿵 끊는다/양수로 가득 찬 먼 바다가 터진다/어디서 피 냄새 바다 비린내가 난다/그 바다에 스물다섯 살의 배를 띄우며/독한 술잔을 높이 든다, 건배"(「출항제」)라고 현실 세계의 쇠사슬을 끊고 바다에 닻을 올리는 행위로 이어진다. "포세이돈이여, 이것을 축복이라 말해다오" "그 어딘가 감춰 놓은 보물섬이 있을 것이다"처럼 신의 축복이면서 스물다섯 살의 보물찾기 축제가 시작된다.

그렇지만 시인은 일상의 진부함을 벗어나지만 위험스러운 모험들에게 노출되며 그의 내면이 '바다 길'과 함께 시어로 열리기 시작한다.

···(상략)···
나는 이 제국의 날개 없는 노동자
신성한 의무는
바다를 그물째 건져 올리는 일
그 바다를 당신의 밥상 위에
푸짐하게 차리는 일
눈물짓는 어머니란 이름의 여자여

행여 내가 돌아오지 않아도
잊지 마시라

블루피터 휘날리며 떠나간 하늘에
내가 남긴 노래를

당신께 드린
노스탤지어의 내 푸른 손수건 한 장을.
―「블루피터Blue Peter를 올리며」부분

그의 항해는 그가 생각하는 것처럼 녹록하지 않다. 바다가 그리워서 육지를 떠나 왔지만 실제로 바다에서 벌어지는 일상은 로맨틱하지 않다. 사실 그는 낭만을 위하여 출항 것이 아니다. 바다 위에서 노동을 하고 그 노동의 댓가를 받기 위하여 청춘을 지불하고 있는 셈이다. 그가 배를 타게 된 것은 삶이라는 장소에서 바닥을 보였기 때문이리라. 그의 선택은 실존에서 멀어지기 위한 도전이었지만 실존에서 멀어질수록 지금―현실에서 벌어지는, 실상은 냉혹하게 다가온다. 이를테면 삶의 바닥에서 "나는 이 제국의 날개 없는 노동자"로서 한낮 꽁치 잡이 어선의 선원에 불과하다. 이러한 현실 속에서 시인은 누군가의 노래가 된다. 어려운 삶의 고삐를 바다에서 잡을 수 밖에 없는 현실 속 "눈물짓는 어머니란" 기표를 기억하면서 "내가 남긴 노래를" 바친다. 그것은 끝없이 펼쳐진 바다처럼 외로움도 그의 고독도 길다.

여기서 그는 자식을 그리워하며 흘린 어머니의 '눈물'을 기억한다. 그리고 '손수건 한 장'으로 닦아주고 싶다. 그는 육지를 떠나 바다로 왔지만 육지를 떠나지 못한다. "당신께 드린/노스탤지어의 내 푸른 손수건 한 장을" 통해 육지에서는 바다를 그리워하고, 바다에서는 육지를 그리워한다. 그리고 자신의 고독보다 더 힘들게 한 것은 육지가 아니라 그가 서 있는 바다임을 깨달아간다. 이제 그의 고독은 그리움의 바다에서 실존의 바닥을 보며 바다에 대한 낭만적 인식이 전복되게 이른다.

파도가 요란한데 배를 치는데
그 파도소리 뚫고
누군가 내 이름 부르고 있습니다
손때 묻은 조타륜 처음 잡던 날부터
파도나 해풍에 실려
나를 따라오는 소리 있습니다
오직 앞만 보고 달려가야 하는
삼등항해사의 항해일지에
몰래 끼워 놓은 이름
그 이름이 찾아와
속삭인다고 생각했습니다
바다에서는
바다의 일만 생각해야 한다고
파도가 내 뺨을 치는 날
속절없이 붉은 코피가 흐르고
그걸 핑계 삼아 펑펑 우는데

괜찮아요, 괜찮아요
　　　　　　　　 ―「환청의 유혹」 부분

　시인은 망망대해에서 들려오는 소리에 귀를 기울인다. 이 소리는 실제와 상상의 사이에서 들려온다. "나를 따라오는 소리" 사이로 "몰래 끼워 놓은 이름"이 새겨져 있지만 "바다에서는/바다의 일만 생각해야 한다"고 다짐한다. 이러한 각오는 "파도가 내 뺨을 치는 날"에도 아무 일 없다는 듯이 "괜찮아요, 괜찮아요" 자신을 위무하며 우는 일이다. 바람이 뭍에서 싣고 온 수많은 이름들. 이름이라는 기표는 눈물이라는 기의를 낳는다. 그러므로 그가 바다에서 유일하게 낼 수 있는 소리는 울음이다.
　위에서는 뭍에서 발화된 외적 울음이었다고 한다면 여기서는 현실적 울음을 살필 수 있다. "파도가 입을 닫고/고요해진다/바다도 두려울 때가 있다"(「SONG-DA」) "썩은 생선처럼 허물어질 것이다/살아남기 위해서가 아니라/두려워서 성호를 긋는다" (「황천바다」) "내가 꽁치가 될지 모른다는 상상이/현실이 될까 두렵다"(「못대 꽁치」) 시인이 그리워했던 바다는 두려움의 바다로 바뀐다. 꽁치를 잡으며 꿈을 낚았던 생명의 바다가 오히려 자신을 꽁치처럼 잡을 수 있겠다는 두려움에 사로잡힌다. 그가 출항할 때 "나는 그리운 바다로 간다/젖은 눈빛으로 바라보지마라/기다려달라는 말은 하지 않겠다/심장이 뛰는 동안 내가 살아야 하는 바다"(「선원수첩 SEAFARER'S BOOK을 받으며」)는 불의의 바다며 심장을 멈추게 하는 죽음의 바다다. 드디어 시인은 체험을 통하여 바다의 두 얼굴을 보게 되는 것이다. 바다는 삶과 죽음, 선과 악, 즐거움과 괴로움, 설레임과 두려움 등 두 얼굴로 변주되어 나타나면서 극한까지 간다. "그가 떠나고/선원명부에 붉은 두 줄을 그었다" "잠을 자는 시간은 줄어들고/잠이 드는 시간은 길어졌다"(「그 후」) 그는 이러한 냉혹한 바다의 양면성에서 자신만의 살아남기 방식을 모색한다.

내가 죽는다면 맨몸으로 수장시켜다오

바다사람들에게 죽음은 바다로 돌아가는 일

죽어서까지 해변에 묻혀 바다를 바라보기보다

바다에서 바다와 한 몸이 되겠다

바다가 되어 부활 하겠다

바람이 분다 살아야겠다, 그 마지막 구절 대신

파도가 친다 나는 살아있다, 는 주문으로

미련 없이 나를 던져버려라.
　　　　　　　　　　　　　　　—「수장水葬」 부분

바다에서 죽음을 보고 죽음을 장사 지내는 방법을 안다

는 것은 잔혹한 현실에서 고통스러움을 키우는 것이 아니라 일상처럼 죽음을 수용하는 것이다. 제사는 하나의 통과의례이면서 그것은 사실 죽은 자들의 것이 아니라 산 자들의 축제다. 즉 바다에서 살아있는 자들이 벌이는 바다의 축제(sea of festival)라고 할 수 있다. 이 시「수장」은 "바다사람들에게 죽음은 바다로 돌아가는 일"처럼 자연스러운 일임을 받아들이기 시작한다. "죽어서까지 해변에 묻혀 바다를 바라보기보다/바다에서 바다와 한 몸이 되겠다" 이제는 시인은 죽음이 일상과도 같은 자연스러운 일이며 그것을 거부할 수 없다면 "나는 죽는다면 맨몸으로 수장시켜다오" 이것은 자신이 바다와 한 몸으로 부활한다는 것으로서 바다의 일부가 되겠다는 의지를 보인다. 그러므로 "파도가 친다 나는 살아있다, 는 주문으로/미련 없이 나를 던져버려라."고 말할 수 있게 된다. 이것은 시인이 바다의 벌어지는 실상을 통하여 그것을 참고 견디고 이겨내기 위한 극복의 몸부림이 아니라 자신을 바다에 온전히 맡기는 것. 그래서 시인은 바다의 일부이며 바다는 세계의 전체라는 것이다. 따라서 바다는 투쟁을 통해 극복할 수 있는 대상이 아니라 순응하는 것이야 말로 바다를 극복할 수 있는 길이라는 사실을 알았기 때문이리라.

누구는 내 눈에서 불바다를 보았다고 했다
누구는 내 눈에서 얼음바다를 보았다고 했다

아지즈의 꿈이 온전하게 돌아왔을 때

그는 서서히 눈을 감았다

선장은 마지막 심폐소생술을 지시했지만
나는 아지즈가 편안하게 고향으로 돌아가길 바랬다

대만 선단의 홍등이 조등처럼 펄럭이고 있다

바다의 눈물이 바다를 붉게 물들이고 있다.

―「붉은 바다」전문

지금까지 그의 시에서 등장하는 눈물은 청춘의 증표로서 축약할 수 있다. 청춘의 눈물은 무엇인가 얻기 위해서 숙명적으로 버려야 하는 것이다. 그것은 또 다른 의미에서 세상의 바다. 이 세상의 바다에서 "누구는 내 눈에서 불바다를 보았다고 했다/누구는 내 눈에서 얼음바다를 보았다고 했다" 이렇게 '불바다'와 '얼음바다'는 불과 물의 특성을 통하여 갈등의 절정에서 얻어진 감정의 극점을 비유하는 언어지만 그만큼 바다에서 얻은 체험이 감정의 언어로 포획된 것으로서 고통을 주는 죽음의 바다에서 감성의 바다를 찾아내기도 한다. 바다의 시간은 죽음을 지연시키는 시간으로서 "바다에서 생과 사는 순식간(瞬息間), 그 사이에 있다" "바다의 눈물이 바다를 붉게 물들이고 있다." 그는 바다의 눈물을 보게 된다. 바다의 눈물은 바다를 삼키고 있으며 바다 전체가 눈물이라는 것을 환유하고 있다. 또한 바다의 눈물은 바다가 흘린 눈물이 아니라 바다에서 눈물을 보인 사람들의 일기라는 사실을 보여준다. 즉 바다의 눈물은 존재의 죽음을 통해 현전하고 있다. 시인이 이것을 통찰하기까지는 "자신도 모르게 흐르는 눈물이 핏물이라는 것을/그 핏물이 바다의 원색이라는 것을 안다면/여기 잠시 머물다 가도 좋으리"(「북태평양으로의 초대」) 바다가 시인에게 준 눈물은 핏물처럼 처절하고 냉혹한 시련을 겪었기 때문이다. 여기서 눈물은 바다가 시인에게 준 보급품에 대한 답례이리라.

> 아직 계류삭을 던질 시간이 여러 날 남았다
> 기다리란 말 대신 귀항할 때까지 지켰던
> 바다에서 배운 침묵을 가지고 돌아간다
> 귀항을 하며 처음으로
> 귀항 다음에 만날 나의 바다를 생각한다
> 먼 바다를 돌아다녔지만
> 멀다는 것은 마음의 거리距離
> 사실 나는 해도 위의 한 점도 되지 못했지만
> 배에서 사다리를 내리고 다시 육지를 밟는
> 순간까지, 나는 명예 이등항해사다
> 조타륜을 잡은 젊은 뱃사람이다
> 바다를 떠돌며 산다는 것이 무엇인가
> 녹물로 꽃을 피운 자신 같은 배를 보며
> 그가 물었지만 나에게는 한바탕 꿈이었다
> 돌아가면 이젠 바다를 떠나야겠다는 그에게
> 35년의 바다가 꿈이 아니시길
> 돌아가 우리가 로빈슨 크루소처럼 다시 만날 때
> 나를 먼저 울리는 것이 바다이기를

그의 눈물을 달래는 것이 바다이기를

우리는 귀항중이다.
─「귀항」전문

이제 시인은 귀항길에 오른다. 시인은 "바다에서 배운 침묵을 가지고 돌아간다" 침묵을 있게 한 "눈물은 바다에서 얻을 수 있는 보급품"(「나를 선적하다」)이다. 이때 눈물은 출항의 눈물이 아니다. 출항의 눈물은 자아와 세계를 구별 못하는 동일화된 상상계의 눈물이지만 귀항의 눈물은 침묵에 숨겨진 실재계의 눈물이다. 이 실재계의 눈물은 실존을 통과한 '외적 잔재물'이다. 라캉은 "연금술 처리 과정 후에 밑바닥에 남는 잔재물(caput mortiuum)로서 상징화 과정의 결과이며 효과로 드러나지만 그것은 또한 상징 질서에 환원될 수 없는 '외-존재적'(ex-istent) 존재이다."(박찬부,「법과 욕망: 라캉담론의 지평」, 원광대학교, 열린정신포럼, 2010년, 3쪽)

이렇게 '귀항의 침묵'은 '무의식의 바다'에서 보급 받은 진정한 '눈물의 언어'다. 이 '침묵'을 있게 한 것은 '상징화'된 '눈물'로서 "스물다섯 살 나는 푸른 바다다/내가 살아온 청춘도 뜨거운 바다다/내가 살아갈 내일도 생명의 바다다."라고 적고 있다. '바닥'이 모여드는 '바다'는 모든 것의 끝이 아니듯 '눈물'도 그 '바닥'을 경험한 자만이 흘릴 수 있는 것이다. 시인이 '바닥'을 드러내고 '바다'로 나가 다시 '바닥'을 발견한 그 자리에 고인 언어들. 이 '언어'는 목숨을 걸고 청춘의 결핍을 '대리 보충'하려는 무의식의 발견이다. 그러기에 시인 이재성이 '바닥'에서 건져 올린 '바다의 시어'들은 비리지만 아직도 푸르다.